表現力の
きほんの「き」

水彩画が楽しくなる

小原直子 監修（水彩画家）

大月書店

はじめに

　楽器を上手に演奏したり、絵を描いたり、きれいな文字を書いたりするためには特別な「表現力」が必要で、自分にはできなくてもしかたない……なんて思っていませんか？
　自分が見たもの、感じたことを「表現」するのに、特別な能力は必要ありません。きほんをしっかりおさえていれば、だれにだって自由に表現する力はあるのです！

　「きほん」の部分はかんたんそうに見えますが、とても大事なことがつまっています。だから、きほんがしっかり身についていると、その先にあるいろいろな表現が自由にできるようになるのです。
　きほんの中でも本当のきほん、"きほんの「き」"を解説するのが本シリーズの目的です。本の内容に合わせた動画を見て、より理解を深めましょう。

　この巻では、水彩画をとりあげます。
　楽しく絵を描くためのきほんとして、道具の使いかたや色についての説明にはじまり、下絵の描きかた、構図のとらえかた、色のぬりかたなど、ていねいに説明しています。
　描きかたになやんでいる人も、もっといろんな絵を描きたいと思っている人も、きほんの「き」を身につけて、表現力のはばを広げ、思うように絵を描く楽しさを見つけてください。

もくじ

表現力のきほんの「き」
水彩画が楽しくなる

はじめに　2

- 絵を描くのは楽しい！……………………… 4
- 絵を描く道具を知ろう……………………… 6
- 絵の具になれよう…………………………… 10
- 色について知ろう…………………………… 12
- 色をつくろう❶ ２つの色をまぜる………… 14
- 色をつくろう❷ 白や黒、水をまぜる……… 16
- 光はどこからきているか…………………… 18
- 下絵を描く❶ まずはしっかりと見る……… 20
- 下絵を描く❷ 少しずつ形をつくる………… 22
- 下絵を描く❸ いろいろな下書き…………… 24
- 「見せかた」を考えよう…………………… 26
- 「遠く」を表現する………………………… 28
- 色をぬろう❶ 大まかにぬっていく………… 30
- 色をぬろう❷ 色をくわえていく…………… 32
- 色をぬろう❸ 全体を整えて仕上げる……… 34
- いろいろな描きかたをおぼえよう………… 36
- さらに上級技にチャレンジ！……………… 38

絵を描くのは楽しい！

いろいろな「絵」がある

わたしたちが目にする絵は、いろいろなものを使って描かれています。油絵の具を使って描かれた「油絵」、水彩絵の具を使って描かれた「水彩画」、墨で描かれた「水墨画」、木の板をほって色をつけて刷る「木版画」、パソコンなどを使って描かれるデジタルイラストなどさまざまです。

油絵

水彩画

水墨画

木版画

色のもととなる粉「顔料」を油でねったものが油絵の具、アラビアゴムでねったものが水彩絵の具になります。学校でスケッチなどをするときに使うのは、水彩絵の具です

身近な絵を描く道具

わたしたちがふだん絵を描くのに使う道具には、クレヨン、色えんぴつ、カラーペンなどがあります。

クレヨン

顔料（色の粉）と、ろうそくなどに使われる「ろう」などをねったもの。やわらかくて、太い線を描きやすい。

色えんぴつ

顔料をろうや油脂などでかためた「しん」が入っているえんぴつ。色数が多く、重ねてぬるとさらにいろいろな表現ができます。

カラーペン

水性と油性のインクがあり、あざやかな色が出ます。

 ## 絵の具のいいところは？

絵の具は、色をまぜたり、うすめたり、重ねたりしやすいうえに、筆をかえるとさまざまな太さで描けたり、広い面積をぬったりできます。そのため、いろいろな表現がしやすいのが特徴です。

細い・太い

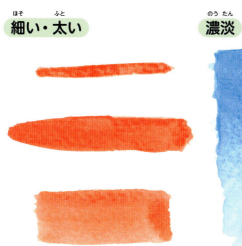

濃淡

太さもいろいろ描けるし、広いところもかんたんにぬれるね！

絵を描く道具を知ろう

◆絵の具

この本では、水彩絵の具を使った水彩画の描きかたを学んでいきます。まずは、きほんの道具について知りましょう！

同じ12色入りでも組み合わせがちがうものもあれば、12色よりたくさんの色が入っているものもあるよ！

水彩画用の絵の具は、大きく「透明水彩」と「不透明水彩」に分けられます。透明水彩は色をぬり重ねたときに下の色がすけて見え、不透明水彩は下の色をかくしてぬり重ねることができます。学校では「半透明水彩」を使うことが多く、水を多くまぜると透明水彩のように使え、水を少なくすれば不透明水彩のように使えるという特徴があります。

◆画用紙

学校で絵を描くときに使う画用紙は、「四つ切り」「八つ切り」などのサイズがあります。水彩画を描く場合は、水をたっぷりすいこむ水彩画専用の「水彩紙」もあります。

画用紙と水彩紙では絵の具の色の出かたが変わるから、描きくらべてみよう！

四つ切り
（380mm × 540mm）

八つ切り （270mm × 380mm）

◆筆

先が細くまとまった「丸筆」と、平らに広がっている「平筆」があります。丸筆は力の入れかたで線の太さが変えられ、平筆は同じ太さでぬるのに向いています。まずはまん中くらいの太さの丸筆（10号）と太めの丸筆（14号）、平筆（18号）があるといいですが、太さがちがう丸筆が5種類ほどあると描きかたが広がります。

広いところは太い筆を、こまかいところは細い筆を使う

空など広い場所をぬるのに使うので、思い切って18号や25号を選ぼう

筆の持ちかた

筆の中ほどを持って、紙に手をつけないようにすると、筆を大きく自由に動かせます。

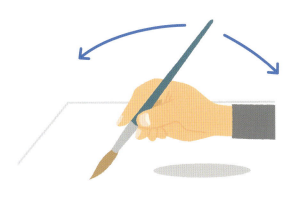

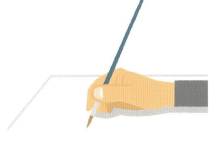

こまかいところを描くときは、えんぴつと同じように持ちます。

◆ぞうきん・スポンジ・ティッシュ

筆につけた水をすわせるのに使ったり、洗ったあとの筆のよごれをふいたりするのに使います。

◆えんぴつ、消しゴム

えんぴつは、下絵を描くときに使います。Bや2Bなどの、こくてやわらかいものがオススメです。消しゴムは、紙をいためないように、ねり消しゴムのようなやわらかいものが向いています。

▶動画で見てみよう！❶
筆の持ちかた・洗いかた

◆パレット

絵の具を出して水でのばしたり、色をまぜたりするのに使います。最初に全部の色を出しておくと、使いたい色をイメージしやすく、すぐに使えるので便利です。

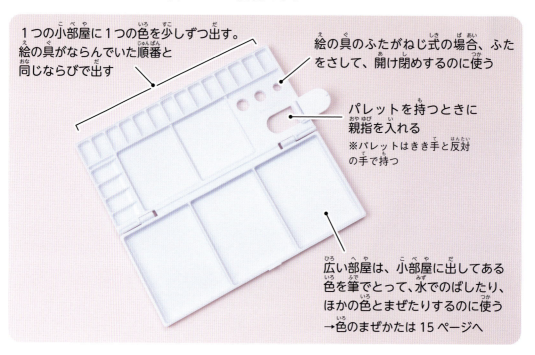

- 1つの小部屋に1つの色を少しずつ出す。絵の具がならんでいた順番と同じならびで出す
- 絵の具のふたがねじ式の場合、ふたをさして、開け閉めするのに使う
- パレットを持つときに親指を入れる
  ※パレットはきき手と反対の手で持つ
- 広い部屋は、小部屋に出してある色を筆でとって、水でのばしたり、ほかの色とまぜたりするのに使う
  →色のまぜかたは 15 ページへ

◆筆洗

絵の具がついた筆を洗ったり、絵の具をうすめるときにまぜる水として使ったりします。筆を洗う場所と、絵の具にまぜる水を分けるために、3～4つに仕切られているものを選びます。

水は、半分ぐらいの高さまで入れるよ。全部の水を同じようによごさないよう、気をつけようね！

- ❶ 筆についた絵の具を洗い落とす
- 筆にふくませた水気を切ったり、毛先を整えたりする
- 絵の具をうすめたり、色をぼかしたりするときに使うので、きれいな水のままにしておくように気をつける
- ❷ ❶で洗ったあと、すすぐのに使う

道具の置きかた

机や床をよごさないように、広めにしいておく。

> 写真は、右手で筆を持つ人の場合です。左手で持つ人は左右を逆にします

道具の片づけかた

使ったあとは、道具をきれいにして片づけましょう。次に使うときにすぐに使え、道具も長もちします。

筆

水の中に根もとまでつけて、左右にやさしくふって絵の具を落とす。きれいな水でもう一度しっかり洗う。ぞうきんなどのやわらかい布に筆先をはさんで、やさしくおして水気をとる。

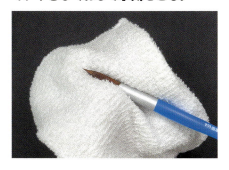

絵の具
チューブの先やふたのまわりなどがよごれていたらふき、しっかりふたをする。

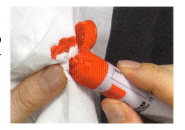

パレット
水をつけた布やティッシュで絵の具をふきとったあと、水道などで洗う。すぐ使う場合は、小部屋は洗わなくてもよい。

絵の具になれよう

 いろいろな線を描いてみる

まずは、筆でいろいろな線を描いてみましょう。筆にどのくらいの力を入れるとどんな太さの線が描けるのか、まぜる水の量によって色がどのくらい変わるのか、絵の具をどのくらいつけたらどのくらい描けるのかなど、ためしてみましょう。

シュッとはらったななめの線

長くまっすぐな線

小さな点々

波うつ線

大きな点

太く曲がる線

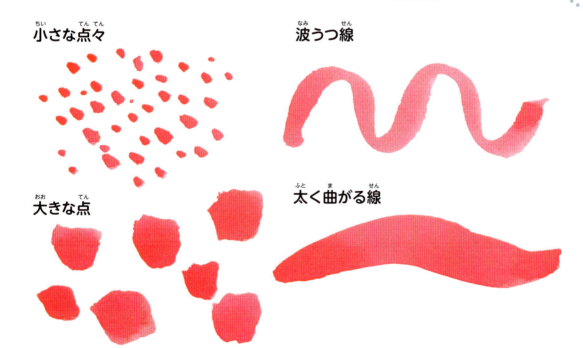

色を重ねてみよう

半透明水彩は、まぜる水の量によって透明度が変わります。そのため、下の色がかわいてから上に色をぬる場合と、下の色がかわく前に上から色をのせた場合では、ちがった仕上がりになります。

◆かわいてから重ねる

下の色がしっかりかわいてから上に色をぬると、下の色が見えなくなります。下が明るい色で上がこい色や暗い色の場合はきれいにかくれますが、上に明るい色をぬった場合は、下の色がすけて、2つの色がまざったような色に見えます。

※絵の具によっては、つねに下の色の影響を受けるものもあります。

◆かわく前に重ねる

下の色をぬってからすぐに上の色をぬると、重なる部分の色がとけ合い、2つの色をまぜ合わせたようになります。まざるとどんな色になるかを考えてからぬりましょう。

細い筆を使って、細い線で描いてみよう

平筆で広くぬってみよう

いろいろな線が描けるんだね！

▶ 動画で見てみよう！❷

絵の具になれよう

色について知ろう

 ## 色どうしの関係を知ろう

　12色の絵の具のならびかたには、実は決まりがあります。色には、「仲がいい色（類似色）」と「反対の色（補色）」があり、そのルールにもとづいてならんでいるのです。その関係を示したのが、下の「色相環」になります。

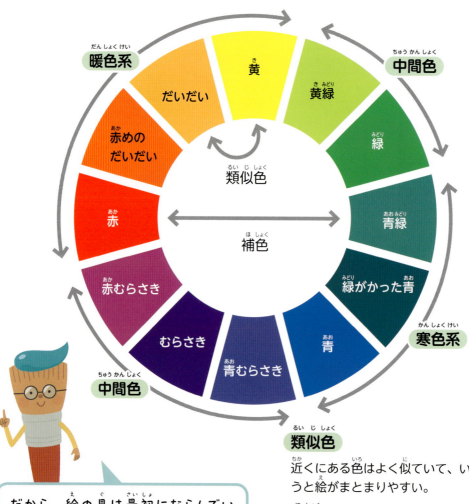

類似色
近くにある色はよく似ていて、いっしょに使うと絵がまとまりやすい。

補色
反対側にある色は、おたがいをひきたて合うことができる。まぜると黒に近い色になる。

　だから、絵の具は最初にならんでいたとおりの順番でパレットに出し、もとどおりに片づけるのが大切なんです

色の印象を決めるもの

色相環のほかに、色の関係をあらわすものとして、「明度」と「彩度」があります。明度は色の「明るさ」を、彩度は色の「あざやかさ」を示します。

◆ **明度**

色の明るさをあらわし、高くなるほど明るく、低くなるほど暗くなります。色の場合は、高くなるほど白っぽくなり、低くなるほど黒っぽくなるイメージです。

◆ **彩度**

色のあざやかさをあらわし、高くなるほどあざやかな色に、低くなるほどくすんだにぶい色になります。

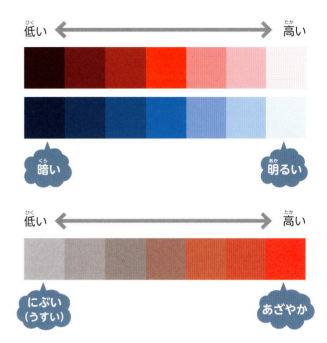

色で絵のイメージが変わる！

絵は、描いたものだけでなく、何色でぬるかによっても印象が変わります。明るい色を使えば元気な印象に、同系色でまとめると落ち着いた雰囲気に、補色を使うとメリハリのある絵になります。

色のはたらきについても考えてみながら、絵を描いてみましょう。

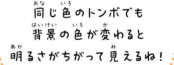

色をつくろう❶
２つの色をまぜる

 ## 色は自分でつくれる！

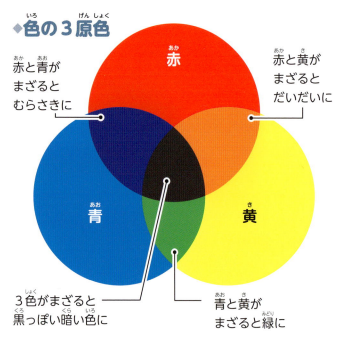

◆色の３原色

- 赤と青がまざるとむらさきに
- 赤と黄がまざるとだいだいに
- ３色がまざると黒っぽい暗い色に
- 青と黄がまざると緑に

　12色の絵の具しか持っていなくても、絵の具の色をまぜることでたくさんの色をつくりだすことができます。青、赤、黄は「色の３原色」とよばれていて、色をつくるときのきほんとなります。

 ## 色は無限につくれる！

　たとえば、赤と青をまぜれば「むらさき」がつくれますが、赤を多くすれば「赤むらさき」に、青を多くすれば「青むらさき」になります。また、赤と赤むらさきのあいだも、まぜる分量を変えれば少しずつちがった「赤むらさき」ができます。まぜかたしだいで、つくれる色は無限にあるといえます。

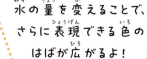
水の量を変えることで、さらに表現できる色のはばが広がるよ！

赤 ← 赤むらさき → むらさき ← 青むらさき → 青

※色の３原色は、正しくはシアン、マゼンタ、イエローと呼ばれる色ですが、一般的な12色の絵の具にあてはめると青、赤、黄になります。

色をまぜるときのポイント

ポイント1 少しずつまぜる

小部屋に出してある絵の具を筆先でとり、広い部屋に、少しはなして置きます。2つの色の下あたりにのばすようにして、少しずつ、円を描くようにまぜあわせます。

小部屋に別の色がついた場合は、水でぬらしたティッシュなどでぬぐいとっておくと、次の色をつくるときに余計な色がまざりません。

ほかにも色がつくれるように、きれいなところを残しておくよ！

ポイント2 明るい色にこい色をまぜる

色をまぜる場合は、明るいほうの色に、それよりもこい色や暗い色を少しずつまぜていくようにします。一度こくなってしまうとかんたんにはもとにもどせないので、少しずつ足していきます。

ポイント3 きれいな水を使う

色をまぜるときに水を足す場合は、筆洗のきれいな水を使いましょう。よごれた水を使うと、色もにごってしまいます。

色はまぜればまぜるほどくすんでしまうので、まぜるのは2〜3色までにしておいたほうがきれいです。
絵の具の緑と、青と黄をまぜてつくった緑では、まぜてつくった緑のほうが落ちついた緑になります。そのため、青と黄でつくった緑に赤や黒をまぜてつくった深緑よりも、緑の絵の具に赤や黒をまぜるほうが、あざやかな深緑になります

▶ 動画で見てみよう！❸

色をつくろう

15

色をつくろう❷
白や黒、水をまぜる

白と黒は、ほかの色とはちがう

白　　　　　　　　　　　　　　　　　　　　　　　　　　　　　　　　黒

13ページで説明したように、色には「明度」と「彩度」がありますが、白と黒は明度しかない「無彩色」になります。

3原色をまぜてできる暗い色を使うと、黒をまぜてできる色とはちがった深みのある色合いになりますよ

← 白を足す　　　黒を足す →

たくさんまぜると急に色が変わってしまうから、少〜〜しずつまぜようね！

ほかの色に白をまぜるほど明度が高くなり明るくなりますが、まぜるほどに彩度は低くなり、うすく、はっきりしない色になります。黒は、まぜるほどに明度も彩度も低くなり、暗く、にごります。

16

水をまぜて色を変える

たとえば絵の具の緑にほかの色を足せば、黄緑や深緑などがつくれますが、緑だけでも、水のくわえかたによって色のバリエーションが出ます。

チューブから出したままの絵の具はこくてかんたんにのびませんが、水をふやしていくほどに、色が明るく、あわくなり、よくのびるようになります。

> 白い絵の具をまぜることで明るくなるのとちがい、水でうすめた場合は、下の紙の色（白）がすけてくることにより明るく（白っぽく）なります。

水 少ない ▼ ▼ ▼ ▼ 多い

＋白

水をいかした表現

こい色からだんだんとうすくなることを「グラデーション」といいます。水を使って絵の具でグラデーションができると、きれいな空が描けます。

> 先にぬった水がかわく前に、一気にぬっていくのがコツです！

◆グラデーションの描きかた

❶筆にきれいな水をふくませ、紙全体に水をぬる。
❷たっぷりの水でこくといた絵の具を太い筆にふくませ、こくしたいほうからうすくしたいほうへぬっていく。

> 全部青でぬるより、だんだん色が変わっていくと本物の空っぽいね！

光はどこからきているか

光とかげがつくる「立体感」

わたしたちがものを見るためには「光」が必要です。そして、光があたれば「かげ」ができます。光とかげを正しく表現できると、ものの形や厚みなどがよくわかるようになり、絵が飛び出してくるように見える「立体感」が出てきます。

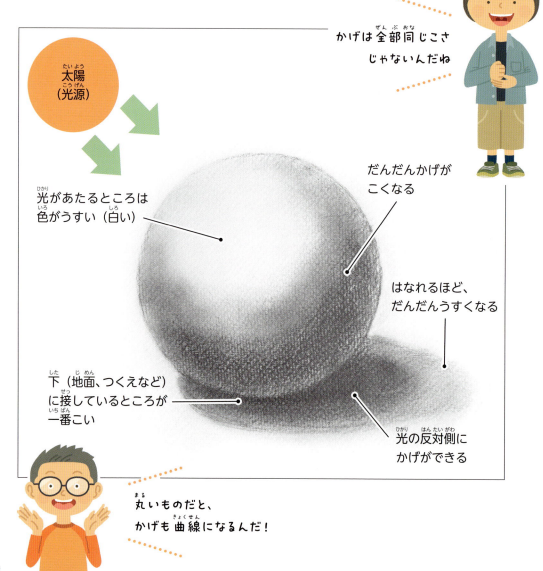

かげがあるとリアルになる

かげがなくても絵は成り立ちますが、かげが入ると立体感が出て、描いてあるものがよくわかるようになります。

かげがないと、平らな円なのか立体的な球なのか、わからない。

左側から光があたっていることと、ボールの丸みが感じられる。

わっ、ボールが空中にういた！

かげでわかること

かげはものの形をはっきりさせるだけでなく、かげのこさや長さによって、時間や天気を表現することもできます。そのため、ものによってかげがあったりなかったり、かげの向きがバラバラだと、見ていておかしな感じになります。

◆**時間がわかる**

かげが短い
太陽が真上にある
↓
お昼ごろ

かげが長い
太陽の位置が低い
↓
朝早い時間、あるいは夕方

◆**天気がわかる**

かげの色がこい
光が強い
↓
天気がいい

かげの色がうすい
光が弱い
↓
くもりや雨など天気が悪い

天気が悪いとかげの形もぼんやりします

19

下絵を描く❶
まずはしっかりと見る

よく見ると、よく描ける

絵を描こうとするとき、いきなり画用紙に描きはじめず、まずは、描こうとしているものをよく見てみましょう。よく観察してしっかりしたイメージをもつと、描きやすくなります。

きれいな
まん丸かな？

表面は
ツルツルしてる？
でこぼこしてる？

色はどこも
いっしょかな？

さわって
みたら
どんな感じ？

重いかな？
軽いかな？

切ってみると……？

中はどう
なっている？

大きく区切られた中に、さらに小さなつぶつぶがいっぱい!!

切り口は
どんな形
かな？

どんな
においが
する？

🖌 えんぴつの持ちかた

下絵を描くときはえんぴつを使いますが、字を書くときと同じ持ちかたではありません。あとから色をぬるので、なるべくうすく、やさしく描く必要があるからです。

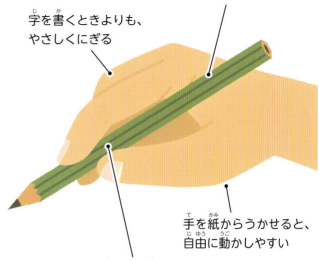

えんぴつはあまり立てず、ねかせ気味に持つ

字を書くときよりも、やさしくにぎる

手を紙からうかせると、自由に動かしやすい

えんぴつの中ほどを持つ
＊こまかい部分を描くときは、下のほうを持つ

こんな持ちかたもあるよ！

えんぴつをねかせて、人さし指、中指、親指だけで持ちます。紙を立てて描くときや、広い面積を早くぬるのに向いています。

実際に、半分に切ったグレープフルーツを見ながら描いてみましょう！描きかたのポイントを、次のページからくわしく説明します

下絵を描く❷
少しずつ形をつくる

下絵を描くときは、こまかいところから順番に描きこんでいくのではなく、全体を見ながら大まかに描き進めていきます

❶ 大まかな形を描く

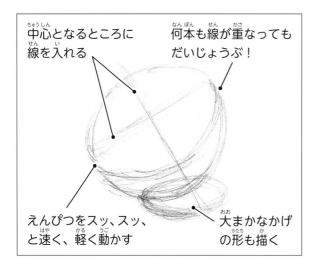

- 中心となるところに線を入れる
- 何本も線が重なってもだいじょうぶ！
- えんぴつをスッ、スッ、と速く、軽く動かす
- 大まかなかげの形も描く

まずは、描きたいものの大まかな形を描きます。グレープフルーツであれば、断面の円と、その下の半円をひと筆で描いてしまうのではなく、何度も線を重ねるようにして、だいたいの形を描いていきます。かげの形も描きます。

> グレープフルーツの向きに合わせて中心線を入れると、ななめ横を向いた円の形が描きやすくなります。

❷ もう少し描きこむ

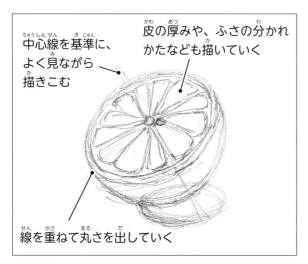

- 中心線を基準に、よく見ながら描きこむ
- 皮の厚みや、ふさの分かれかたなども描いていく
- 線を重ねて丸さを出していく

描くものをよく見ながら、えんぴつをこまかく動かして全体の形をとらえていきます。うすく描いた何本もの線の中から、「これ」という線を少しだけこくしていって、形をつくっていきます。

> 消しゴムはなるべく使わないでおきます。消さなくても、うすい線がいらない線だとわかるのでだいじょうぶです。

❸ こまかいところまで描きこむ

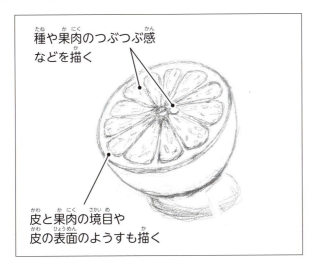

種や果肉のつぶつぶ感などを描く

皮と果肉の境目や皮の表面のようすも描く

全体の形ができてきたら、こまかい部分を描きこんでいきます。ふさの中や、皮と果肉の境目など、よく見て描いていきましょう。いらない線は、消しゴムで消します。

> 描きこみすぎると、ぬるときに絵の具の色がにごってしまうので気をつけて！

❹ かげをつけ、余分な線を消したら完成

光はどこからあたっているかをよく見る

かげは、ものに近づくにつれてこくなっていく

ものには、明るいところと暗いところがあります。どんなふうにかげが入っているかよく見て、短いななめの線を入れていきます。

※光とかげについては18ページでくわしく解説しています。

少しはなして、現物と見くらべて、ちがうところがあれば直します。はみだしている線や、いらなくなった線は、消しゴムで消します。

余分な線を消すときは、文字を消すときに使う消しゴムじゃなく、ねり消しゴムのようなやわらかい消しゴムがいいんだって！

一気に消すと、必要な線まで消したり、紙がぐしゃっとなることも。弱い力で、少しずつ消していきましょう

▶ 動画で見てみよう！❹
下絵を描こう

下絵を描く❸
いろいろな下書き

　○や□で形をとらえる

多くのものは、○や□や△がきほんになっています。一つひとつのものの形をこまかくつかもうとせずに、まずはだいたいの形を○や□でとらえてみましょう。

中心をとると描きやすい

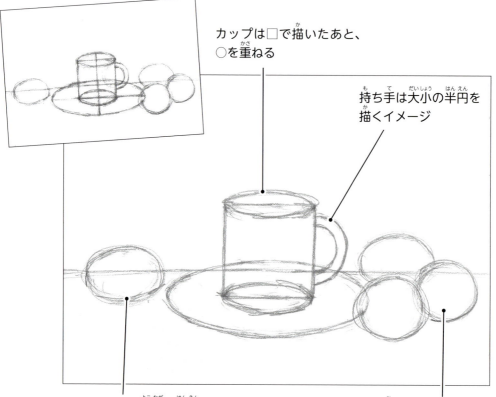

カップは□で描いたあと、○を重ねる

持ち手は大小の半円を描くイメージ

レモンは横長の半円を合体させるイメージで

それぞれの向きはちがいますが、だいたい○でOK！

🖌 分割してみる

見えている景色のどこを選んで、画用紙のどこになにを描いたらいいかわからない場合は、下のような「わく」を通して見てみましょう。描きたいものがイメージしやすくなります。

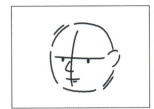

人の顔も分割すると、目や口をどこに描けばいいのかわかりやすくなるね！

顔に近づけたり、顔からはなしたりすると、見えるはんいが変わるよ

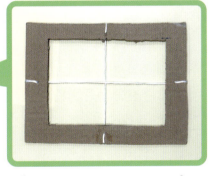

厚紙を13cm×18cmくらいに切り、中を切りぬいて、上下・左右それぞれのまん中にたこ糸やひもをはります

🖌 すばやく動きをつかまえる

じっくり観察して描くのとは反対に、すばやく動きをとらえて、短い時間でサッと描いてしまう方法もあります。何度も練習していると、人がいきいきと動いているようすを描くときに役立ちます。

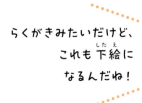

らくがきみたいだけど、これも下絵になるんだね！

「見せかた」を考えよう

「どこから見るか」で変わる

　絵を描くときは、「なにを描くか」だけでなく、「どういうふうに描くか」という点も大事になります。

　たとえば同じクツを描くとしても、上から、横から、うしろから、うらからなど、見る角度によってぜんぜんちがって見えます。描きたいものについて、一番よく伝わる見せかたを考えてみましょう。

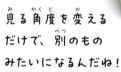

見る角度を変えるだけで、別のものみたいになるんだね！

25ページのような「わく」を使ったり、タブレット端末などで写真にとってみると、ちがいがわかりやすいです

なにを描くかで印象が変わる

絵にする題材は同じでも、なにを選んで、どのように描くかによって、絵の印象が変わります。また、自分が楽しいと思ったこと、その絵を見た人に伝えたいことなどに合わせて、どんな絵を描いたらいいのかを考えるのもいいでしょう。

たとえば下のように、同じ「給食」を描いても、なにを「テーマ（主題）」にするかによって、まったくちがう絵ができあがります。

自分から見た給食そのものを描くと、「なにを食べたのか」がよく伝わります。

給食を食べている自分を描いた絵です。給食を食べるのが楽しい気持ちが伝わります。

みんなと食べているところを描くことで、給食の時間の楽しさが伝わります。

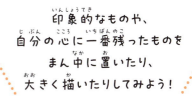

印象的なものや、自分の心に一番残ったものをまん中に置いたり、大きく描いたりしてみよう！

どれがうまくて、どれがダメ、ということはありません。大切なのは、描きたいものを、楽しく描きあげることです

「遠く」を表現する

「遠近感」をつける

近くのものが近くにあるように、遠くのものが遠くにあるように見えるために大切なのが「遠近感」で、遠近感を出すための方法を「遠近法」といいます。一般的に、近くのものは大きく、遠くのものは小さく表現します。遠近感をうまく表現できると、絵に奥行きが出て、広さを感じられるようになります。

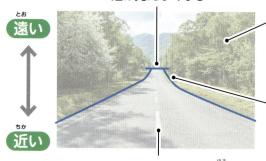

遠い／近い

- 道は見えなくなる
- 手前の木は大きく、遠くに行くほど小さく見える
- 道はばは、遠くに行くほどせまく見える
- センターラインもどんどん細く、短くなっていく

道はばが本当にせまくなるわけではないけど、「そう見える」というのを絵にも応用しようね

いろいろな遠近感

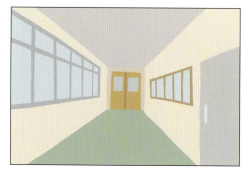

建物の中も、遠くを小さくすると奥行きが出る。

手前の人は大きく、遠くの人ほど小さくなる。

28

高さを出したいときも「遠近法」

手前と奥の距離感をあらわすときだけでなく、高さをあらわすときにも遠近法を使います。高いところ（遠く）へ行くほど小さくすることで、高さを感じさせることができるのです。

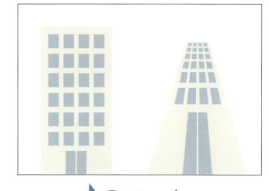

どっちが高く見える？

下に向けて小さくしていくと、上から見た高さをあらわすことができます。

 ## 遠くに行くほどはっきりしなくなる

遠くのものは小さくするだけでなく、あまりこまかく描きこまないようにするのもポイントです。遠くのものは、近くのもののようにこまかいところまでは、はっきり見えないからです。

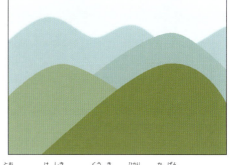

遠くの景色は、空気や光の加減でうすく、青っぽくなっていきます。

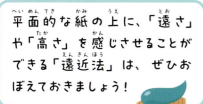

平面的な紙の上に、「遠さ」や「高さ」を感じさせることができる「遠近法」は、ぜひおぼえておきましょう！

遠くに見える人や物は、ぼんやりとしたかたまりのように見えます。

色をぬろう❶
大まかにぬっていく

どこからぬるか

水彩画は、絵の具でぬることで完成します。とはいえ、そのぬりかたが大切です。どこからぬるか、どの色からぬっていくか、どう描き進めていくといいかなど、風景画を例に、くわしく見ていきましょう。

風景は、手前（自分の近く）にある「近景」、遠くにある「遠景」、そのあいだの「中景」の3つに大きく分けられます。ぬっていく順番にもかかわるので、だいたいの区別をつけましょう

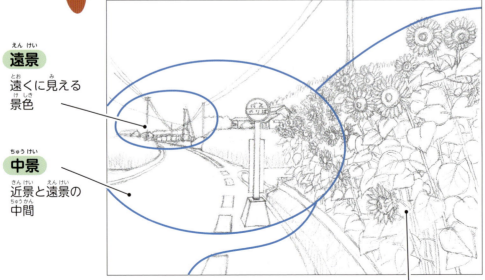

遠景 遠くに見える景色

中景 近景と遠景の中間

近景 手前にある景色。できるだけこまかく描く

★見えたものを全部描くのではなく、省略したり、かたむきを直すなどしてもかまいません。

❶ 大まかに、うすめの色でぬる

まずは、太めの筆を使って、全体にうすく、明るめの色でぬります。空をぬったら、かわくまでのあいだは、空とははなれている道路やひまわりの葉などをぬっていきます。

★ 広いところからせまいところへ、となりあわないところをぬっていく。
この絵の場合、空→道路→ひまわりの葉→中景の緑→遠景の緑→ひまわり

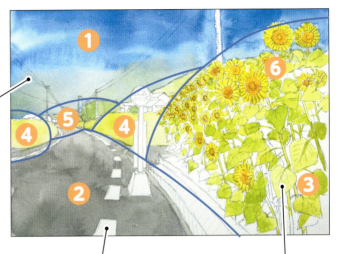

空は、先に水をぬってグラデーション（→17ページ）にする

白くしたい部分はぬらずに残しておく

花びら、花の中心、葉っぱをぬる。白い部分が残っていてもよい

はしっこから順番にぬっていくんじゃないんだね！

❷ かげをぬる

光があたれば、明るいところと暗いところ（かげ）ができます。明るいところより少し暗い色、さらに暗い色を入れて、葉っぱ、花など、形をはっきりさせていきます。

★ どこが暗いかよく観察して、同じ色を少しこくしたり、ほかの色を足したりして色を変えていく。

近景のかげ→中景のかげ→遠景のかげの順でぬる

❶でぬった色を、こい色で全部ぬりつぶしてしまわないようにする

かげが入ると、形がはっきりしてくるね

▶ 動画で見てみよう！❺
色をぬろう①

31

色をぬろう❷
色をくわえていく

遠くと近くを描き分けていく

　30ページで説明したように、風景には近景と遠景があり、見えかたがことなります。近くにある景色と遠くにある景色で描きかたを使い分けると、奥行きのある絵に仕上がります。

> 色をまぜてつくったら、まずは画用紙のはしやうら、いらない紙などに少しだけぬってみましょう。ぬってみたら思ったような色じゃなかった、という失敗を防げます

❸手前を描きこむ

　絵の中で目を引く「主役」に色をくわえていきます（この絵の場合、ひまわりとバス停）。主役が目立ってくることにより、中景、遠景との差が出てきます。白い（明るい）部分も、目を引くポイントになります。

花びらの内側にかげを入れる

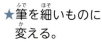
★筆を細いものに変える。

字は、ぬらないようにして白く残す

バス停にかげを入れる

花のまん中のこい色を入れる

❹全体に色を入れる

近景がある程度整ったら、中景、遠景も描きこんでいきます。遠景は、近景ほど描きこまないほうが遠さを感じられます。近景より強くならないよう、注意しましょう。

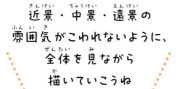

近景・中景・遠景の雰囲気がこわれないように、全体を見ながら描いていこうね

遠景は描きこみすぎない。色もうすく

中景にある家はあざやかにせず、にぶい色やうすい色でぬる

❺こまかい部分を描きこんでいく

近景のこまかい部分を描きこんでいきます。近景の中でもさらに主役があれば、それを引き立たせます。この絵では、ひまわりの中心や葉のすじなど、ひまわりに変化をつけています。

ひまわりのまん中にさらに色をくわえる。それぞれの向きや色のちがいをよく見る

バス停のかげや文字など、さらに描きこむ

葉のすじや奥のほうのくき、葉に落ちたかげなどをぬる

ちがう色をくわえていくことで、絵に立体感や「深み」が出ます。下の色をきちんとかわかしてから次の色を入れると、きれいにぬれます！

動画で見てみよう！❻
色をぬろう②

色をぬろう❸
全体を整えて仕上げる

🖌 全体を見直して調整しよう

　こまかいところや、かげなどを描きくわえて、全体を仕上げていきます。ただし、一部だけ見ていると、絵のバランスがくずれてしまう場合があります。ときどき絵をはなして見て、全体のバランスがとれているか確認しながら、調整していきましょう。

> かげなどこい色を入れると一気に印象が変わるので、描いている部分、絵の全体、実際の風景をよく見くらべながら仕上げていきます。完成まであと一歩！

❻ 全体にかげをくわえ、仕上げていく

かげは太い筆、こまかい部分は細めの筆を使って描きくわえていき、全体を仕上げていきます。こまかい部分は、描いたらかわくのを待ってから描く、をくり返して重ねていきます。

★仕上げのかげは、黒をまぜるのではなく補色（→12ページ）どうしを足してつくる。

★遠景を描きこみすぎて、全体のメリハリがなくならないように注意！

葉っぱのあいだから見える、さらにこいかげを入れ、葉っぱやくきをうき立たせる

中景や遠景にかげをつけていく

下の色をぬりつぶさないように、少しずつかげを入れていく

暗い色が強すぎたら、水をつけた筆でふちをぼかしてなじませる。

細い筆は、電線やバス停、ひまわりの花の中心を描くときなどに使う。

遠景にかげを入れることで、中景の家や近景のひまわりが引き立つ。

❼ 全体を確認する

最後に、風景と絵を見くらべて、全体のまとまりやメリハリを調整します。こまかいところが正確に描けているかどうかではなく、絵をはなして見て、全体のバランスを整えましょう。

近景に目が行くようになっていれば完成！遠景が強いなら水をつけてうすくしたり、近景にこい色をふやして強くしたりするといいんだって♪

完成

ぬり残しやにじんだ部分があっても、それが水彩画のおもしろいところだからそのままでいいんだね！

▶ 動画で見てみよう！❼

色をぬろう③

いろいろな描きかたを
おぼえよう

方法を知ると、表現のはばが広がる

　ここまで絵の描きかたについていろいろと学んできましたが、そのほかにも水彩画ならではの描きかたがあります。ちょっとコツがいるものもありますが、たくさん練習してマスターすれば、表現のしかたが広がり、絵を描くのがもっと楽しくなるでしょう。

◆ぼかし

ぬった色がかわく前に、水をつけた筆で、色がだんだんうすくなるようにのばしていきます。17ページで紹介した「グラデーション」の一種で、水彩画らしい、やわらかい印象になります。

ポイント

- 絵の具は多めの水でといて、多めにつくっておく
- 太めの筆を使うこと。細筆だとうまくできません
- 筆にふくませる水が多すぎてもうまくいかないので、ぞうきんやスポンジなどにすわせて調整する

絵の具がかわかないうちに急いでぼかす必要がありますが、ていねいに少しずつぼかすのが、きれいにぼかすコツです

◆にじみ

紙を水でしめらせ、かわかないうちに水でといた絵の具を置くと、じわっとした自然な広がりができます。水の代わりに絵の具をぬり、その上から別の色を置いてにじみをつくることもできます。

ポイント
- 紙にぬる水（色）は、水分をたっぷりと
- 太い筆を使う

水

◆2色のグラデーション

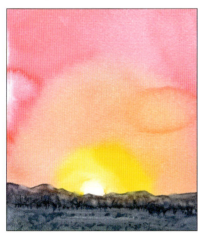

紙にたっぷりの水をぬったあと、2つの色のグラデーションを描きます。絵の具がかわかないうちに、水をつけた筆で2つの色のまん中をなじませます。

ポイント
- 無理になじませようとせず、自然ににじんでいくのにまかせましょう
- 12ページで紹介した「補色」の関係の色ですると、色がにごってしまうので注意！

◆すいとり

ぬった色がかわかないうちに、ティッシュやスポンジなどで色をすいとります。ぬるのとはちがった色の変化が出せます。

ポイント
- ティッシュを強くあてると、一気に色がとれて、白っぽくなります。力加減に気をつけましょう

さらに上級技にチャレンジ！

◆ドライブラシ

水気を切った筆に水気の少ない絵の具をとり、サッと線を引いたり、筆を立ててトントンたたくようにして、かすれた質感をつくる方法です。葉っぱや波などのこまかい不規則なものや、地面やレンガなどのかわいたものを表現するのに向きます。

スポンジを使う技法だと、ちがう雰囲気に。

ポイント
- 筆先をいためやすいので、使い古した筆など、ドライブラシ用の筆をつくるとよいです

◆ふきとり（リフトアウト）

一度ぬってしまった色を、水を使って消すことができます。水をつけた筆でぬったところをなぞると、下の色がういてくるので、ティッシュなどでふきとります。完全に消せるわけではありませんが、ぬりすぎた部分を調整したり、白っぽい部分を加えることができます。

ポイント
- 絵の具が完全にかわいてからおこなう
- やりすぎると紙がボロボロとけば立ってくるので、注意しながら進める

◆スパッタリング

こいめにといた絵の具を筆やハブラシにつけてはじいて、飛びちらせる方法です。絵の具の水滴が不規則に紙に飛びちり、自分で点々を描くのとはちがう仕上がりになります。

ポイント
- 絵の具がこすぎると、うまくはじけません
- はじく強さにより、点々の出かたが変わります。いろいろためしてみましょう

◆マスキング

マスキングテープをはってから色をぬると、その部分だけ絵の具がのらず、きれいに紙の白色が残ります。色をぬりたくないところにはったり、四角や三角などの図形を描いたりするのにも使えます。

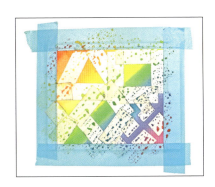
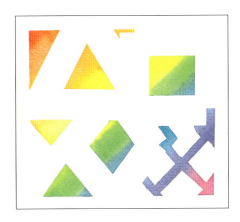

ポイント
- マスキングテープは、絵の具がしっかりかわいてからゆっくりはがす
- のりが強いマスキングテープは不向きです。はる前に確かめましょう

色のぬりかただけでなく、いろいろな技法を知っていると、ちがった表現ができて、絵の世界が広がります。たくさん描いて、ためしてみてください

◆監修者紹介　**小原直子**（おばらなおこ）（水彩画家）

武蔵野美術大学造形学部油絵科卒業。独立美術協会展、女流画家協会展、日本水彩画会などで入選を重ねる。独学で透明水彩画を研究、東京を中心に個展の開催を続ける。
2003年に埼玉県で絵画教室を開設し、小学生から大人まで、初心者から上級者まで、幅広い指導を行う。対面のほかオンラインレッスン、カルチャースクール講師、YouTubeチャンネルの運営など多岐にわたり活動中。
本書の見本作品も手がけている。

◆企画・編集・執筆
株式会社ワード（合力佐智子）

◆装丁・本文デザイン・DTP
株式会社ワード（佐藤紀久子）

◆見本作成
小原直子（p 5下、p 10-11、p 13下、p 17、p 18、p 21下、p 22-24、p 30-39）

◆イラスト
ヤス・タグチータ プレミアム

◆撮影
森川諒一（p 6-8、p 9上）

◆校正・校閲
澤田 裕

 公式ホームページ
小原直子の透明水彩
https://obara.qc-plus.jp/

YouTube
初心者のための水彩レッスン
https://www.youtube.com/channel/UCCRjKnHPW6epKa1d7mAGHMw

写真提供
小原直子（p 4水彩画、p 9下、p 15）、Adobe Stock、PIXTA

おもな参考文献
『「色」の使いかた・ぬりかたレッスン』麻布アトリエ監修、メイツユニバーサルコンテンツ／『絵をかこう！デッサン・スケッチのコツ①よく見てかこう！、②色をつかおう！』たかやまふゆこ著、汐文社／『かんたんレベルアップ 絵のかきかた①風景をかこう』女子美術大学付属高等学校・中学校監修、汐文社／『小学生の絵画 とっておきレッスン 改訂版』ミノオカ・リョウスケ著、メイツユニバーサルコンテンツ

表現力のきほんの「き」
水彩画が楽しくなる

2025年1月17日　第1刷発行　NDC724

監　修	小原直子
発行者	中川　進
発行所	株式会社大月書店
	〒113-0033 東京都文京区本郷2-27-16
	電話（代表）03-3813-4651　FAX 03-3813-4656
	振替00130-7-16387　https://www.otsukishoten.co.jp/
印　刷	精興社
製　本	ブロケード

Ⓒ Naoko Obara, Otsuki Shoten Co., Ltd. 2025

本書の内容の一部あるいは全部を無断で複写複製（コピー）することは法律で認められた場合を除き、著作者および出版社の権利の侵害となりますので、その場合にはあらかじめ小社あて許諾を求めてください

ISBN978-4-272-40673-9　C8337　Printed in Japan

表現力のきほんの「き」

全3巻

リコーダーがうまくなる
監修 ● 富永和音

水彩画が楽しくなる
監修 ● 小原直子

書写はおもしろい
監修 ● 上平泰雅

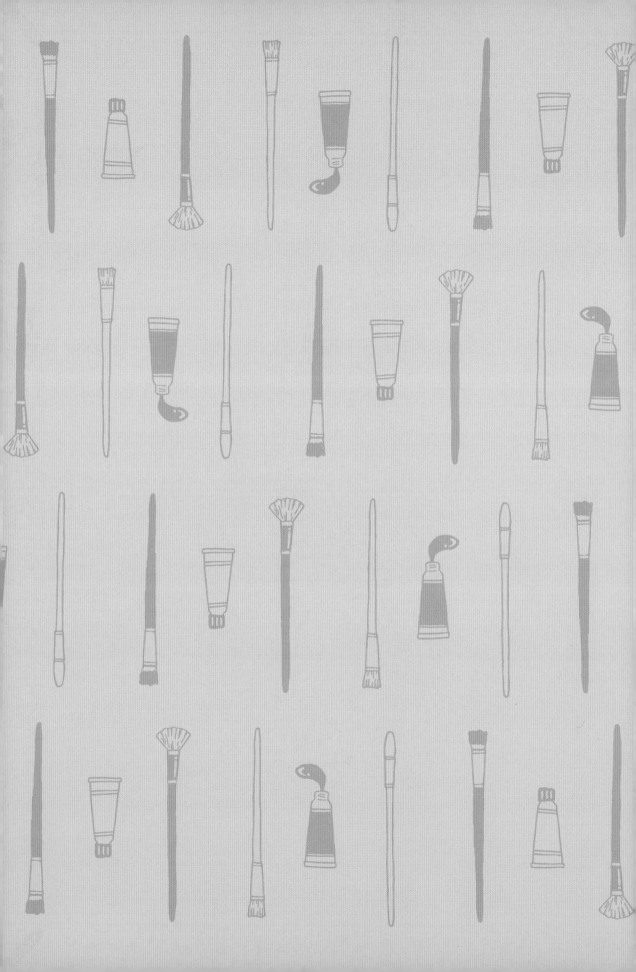